AF871451

Titre : Tes sensations, tes sentiments et tes nostalgies - Tout ce que nous portons en nous

Auteure : Fátima Campos

Pseudonyme de : Carla Simões

Édition : 1re — Juillet 2026

Format : Couverture souple, 6x9 po (15,24 x 22,86 cm), intérieur N&B
ISBN: 978-989-49045-4-0

Édition : Auto-édition

Responsable éditorial : « publication personnelle »

Contact : fatimacampos.autora@gmail.com

Conception de couverture : « réalisation personnelle »

Mise en page et préparation des fichiers : « réalisation personnelle »

Impression : « POD - KDP / D2D / autre »

Déclaration de pseudonyme : Fátima Campos est un pseudonyme de Carla Simões.

Version électronique : Disponible

Versions : Ce livre est actuellement également disponible en portugais, anglais, espagnol et italien.

Dépôt légal : [numéro à attribuer après impression]

Tes sensations, tes sentiments et tes nostalgies

Tout ce que nous portons en nous

Fátima Campos

Pour toi, mon petit. ♥

Et pour celles et ceux qui ont toujours été là pour moi.

Partie I, De l’Âme

ÂME

L'âme n'est jamais pressée. Elle attend, pendant que nous courons, pendant que nous nous perdons, pendant que nous faisons semblant de ne pas avoir besoin d'elle. Et quand nous nous arrêtons enfin, elle est là. Elle y a toujours été.

Il y a des jours où l'âme pèse lourd. Pas de tristesse, mais de tout ce qui n'a pas encore été dit, de tout ce qui est resté à vivre.

Personne ne nous apprend où se trouve l'âme. Et pourtant, tout le monde sait quand elle fait mal.

L'âme ne ment jamais. Le corps dissimule, l'esprit se justifie, mais l'âme, elle, tremble toujours dans la bonne direction.

Être fidèle à soi-même est l'acte le plus solitaire et le plus courageux qui soit. L'âme le sait. C'est pour cela qu'elle insiste.

L'âme est le seul endroit où nous n'avons pas besoin d'expliquer qui nous sommes. Là-dedans, nous sommes, simplement, sans excuses, sans masques, sans peur.

Parfois l'âme pleure sans que les yeux le sachent. C'est une tristesse sèche, profonde, qui n'a pas de nom, mais qui a du poids.

Prends soin de ton âme comme tu prendrais soin d'une plante rare, avec de l'eau, de la lumière, du silence. Elle grandit lentement. Mais elle grandit.

Il y a des gens qui entrent dans nos vies et touchent l'âme sans demander la permission. Ceux-là restent. Même quand ils partent.

L'âme ne vieillit pas. Elle s'approfondit, c'est tout.

CŒUR

Le cœur ne demande pas la permission. Il bat, quand il veut, pour qui il veut, contre toute logique et contre tout bon sens. Et nous, que pouvons-nous faire, sinon le laisser faire ?

Il y a des amours qui ne tiennent pas dans les mots. Ils tiennent seulement dans la poitrine, serrés, chauds, impossibles à expliquer à qui ne les a jamais ressentis.

Le cœur se brise. Mais il se brise toujours en morceaux qui servent encore à aimer de nouveau. C'est ce qu'il y a de plus effrayant, et de plus beau.

Aimer quelqu'un vraiment, c'est le voir, non pas ce qu'il montre, mais ce qu'il cache. Le cœur sait faire cela. Les yeux, parfois, ne l'ont pas encore appris.

Il y a des cœurs qui battent fort et des cœurs qui battent en silence. Ceux qui battent en silence sont ceux qui ressentent le plus, ils ne savent simplement pas encore comment le dire.

Le cœur a une mémoire étrange. Il oublie les visages, il oublie les dates, mais il n'oublie jamais ce que ça a fait d'être touché par quelqu'un qui comptait vraiment.

Parfois le cœur choisit mal. Mais il choisit toujours avec tout ce qu'il a. Et ça, aussi douloureux que ce soit, n'est jamais complètement une erreur.

Prends soin de ton cœur, ne le protège pas trop. Un cœur avec des murs n'est pas un cœur en sécurité. C'est un cœur seul.

Il y a des gens qui traversent la vie sans jamais risquer leur cœur. Ils vivent entiers, mais ils vivent affamés.

Le cœur ne comprend pas les adieux. C'est peut-être pour ça que la douleur est immense quand ils arrivent.

DÉSIR

Le désir ne prévient pas. Il arrive, comme une vague qu'on ne voit pas venir, comme une chaleur qui commence à l'intérieur et ne demande pas la permission de rester.

Désirer quelqu'un, c'est vouloir occuper le même espace que lui. C'est vouloir respirer le même air, toucher la même peau, exister près, si près que les contours se confondent.

Il y a des désirs qui ne se disent jamais à voix haute. Ils vivent en nous comme des braises couvertes de cendres, silencieuses, mais toujours chaudes.

Le désir n'est pas seulement celui du corps. C'est celui de l'âme qui veut se fondre avec une autre âme. Le corps n'est que le chemin le plus honnête que nous trouvons pour y arriver.

Désirer et ne pas pouvoir avoir est l'une des douleurs les plus silencieuses qui existent. Personne ne la voit. Mais elle reste.

Il y a un instant, avant le premier contact, avant le premier mot dit autrement, où le désir existe pur, suspendu dans l'air entre deux corps. Cet instant vaut une vie entière.

Le désir a peur. Peur d'être trop, peur de ne pas être partagé, peur de révéler qui nous sommes vraiment quand nous voulons quelqu'un. Et pourtant, il insiste.

Désirer est un acte de courage déguisé en faiblesse.

Il y a des corps qui se reconnaissent avant de se toucher. C'est le désir qui parle, dans une langue plus ancienne que n'importe quel mot.

Le désir ne vieillit pas. Il change de forme, il change de visage, mais la flamme, elle, ne s'éteint jamais tout à fait.

Partie II, De l’Amour

PASSION

La passion ne marche pas. Elle court, incontrôlable, pieds nus, sans carte et sans destination certaine. Et nous courons avec elle, parce qu'il n'y a pas d'autre façon de la vivre.

Quand la passion arrive, le monde rétrécit. Il n'existe qu'une seule personne, un seul visage, une seule voix. Tout le reste devient flou, comme l'arrière-plan d'une photo de quelqu'un qui n'a d'yeux que pour un point unique.

La passion ment un peu. Elle nous fait voir la perfection là où il y a l'imperfection, elle nous fait entendre de la musique là où il y a du silence. Mais quel joli mensonge, quel mensonge nécessaire.

Il y a une différence entre aimer et tomber amoureux. Aimer est un choix, une construction, une patience. Tomber amoureux est une chute, libre, vertigineuse, sans filet.

La passion a une odeur. Elle a une texture. Elle a une heure du jour où elle serre plus fort, généralement la nuit, généralement quand nous sommes seuls et que nous ne devrions pas penser à ce à quoi nous pensons.

Tomber amoureux, c'est perdre la raison avec un sourire aux lèvres. Et savoir qu'on est en train de la perdre. Et ne pas vouloir qu'il en soit autrement.

La passion passe, dit-on. Et c'est vrai. Mais ce qu'elle laisse, cette trace de feu dans la poitrine, celle-là reste pour toujours.

Il y a des passions qui durent une nuit et marquent une vie entière. Il y a des amours qui durent une vie entière et ne deviennent jamais passion. La chance, c'est quand les deux coïncident.

La passion ne se choisit pas. Elle arrive, comme la pluie, comme la lumière, comme tout ce qui est vrai et incontrôlable.

Celui qui ne s'est jamais épris de façon absurde, irrationnelle et complètement inconvenante... n'a pas encore vraiment vécu.

ÉROTISME

L'érotisme n'est pas ce qui se montre. C'est ce qui s'insinue, le regard qui s'attarde une seconde de trop, le mot dit avec une autre intention, le silence qui dit tout ce que la bouche n'a pas osé.

Il y a un contact qui n'est pas seulement un contact. C'est une conversation. C'est une question. C'est une réponse. Le corps parle une langue que l'esprit met du temps à traduire, mais que le cœur comprend tout de suite.

L'érotisme vit dans l'anticipation. Dans l'avant. Dans cet espace suspendu entre le vouloir et l'avoir, où tout est possible et où rien n'a encore été défait.

Il y a des regards qui déshabillent sans toucher. Qui arrivent avant les mains, avant les lèvres, avant tout mouvement. Ces regards-là sont les plus intimes de tous.

Le corps a une mémoire à lui. Il garde ce que l'esprit tente d'oublier, un contact, une odeur, une façon d'être touchée qui ne se répète à l'identique chez personne d'autre.

L'érotisme est l'art de faire du désir une œuvre lente. Il n'est pas pressé. Il sait que le meilleur est encore à venir, et c'est pour cela qu'il prend son temps, et c'est pour cela qu'il savoure.

Il y a des mots qui, dits d'une certaine façon, à la bonne oreille, au bon moment, valent plus que n'importe quel contact. L'érotisme le sait. Il les utilise avec soin, et avec intention.

Être désirée est l'une des sensations les plus puissantes qui existent. Pas à cause de l'autre, mais à cause de ce qui s'éveille en nous quand nous nous sentons ainsi.

L'érotisme n'est pas un péché. C'est un langage. C'est l'une des façons les plus anciennes et les plus honnêtes que nous ayons de dire : je suis là, tu es réel, tu comptes.

Entre deux corps qui se comprennent, il n'y a rien qui ait besoin d'être expliqué. Il n'y a que de la présence, entière, chaude, vraie.

AMOUR

L'amour n'arrive pas en fanfare. Il entre lentement, par la porte de derrière, tout doucement, sans prévenir. Et quand nous nous en apercevons, il est déjà en nous comme s'il y avait toujours habité.

Aimer quelqu'un, c'est vouloir son bien même quand ce bien nous fait mal. C'est la façon la plus généreuse et la plus difficile d'être au monde.

Le véritable amour n'étouffe pas. Il donne de l'air. Il donne de l'espace. Il donne la liberté d'être exactement qui l'on est, sans peur, sans performance, sans masque.

Il y a un amour qui se crie et un amour qui se chuchote. Celui qui se chuchote est toujours le plus profond. Celui qui reste.

Aimer, c'est aussi savoir rester en silence à côté de quelqu'un. Ne pas avoir besoin de remplir l'espace. Savoir que la présence, rien que la présence, suffit déjà.

L'amour n'est pas parfait. Il trébuche, il échoue, il demande pardon, il recommence. C'est exactement dans ce trébuchement qu'il prouve qu'il est réel.

Il y a des gens que nous aimons pour toujours, même quand l'amour change de forme. Même quand ce n'est plus une romance, quand ce n'est plus du feu. Il reste là, tranquille et loyal, dans un tiroir du cœur qui ne se ferme jamais complètement.

Aimer sans être aimée en retour est l'une des expériences les plus formatrices et les plus cruelles de la vie. Elle enseigne, mais elle exige un prix trop élevé.

L'amour n'a pas de date limite. Il n'expire pas, il ne se périme pas, il ne disparaît pas avec le temps. Il se transforme, mais il ne disparaît pas. Il ne disparaît jamais vraiment.

Au bout du compte, ce qui reste, ce ne sont pas les conquêtes, ce ne sont pas les titres, ce ne sont pas les choses. Ce qui reste, c'est qui nous avons aimé. Ce qui reste, c'est qui nous a aimés. Ce qui reste, c'est l'amour, toujours l'amour.

ÊTRE AIMÉ(E)

Être aimée, c'est découvrir que quelqu'un t'a choisie, non pas la version bien habillée et présentable, mais la version réelle. Celle qui se réveille de mauvaise humeur, celle qui doute, celle qui parfois ne sait pas bien ce qu'elle veut. Celle-là. Ils ont choisi celle-là.

Il y a une différence entre être appréciée et être aimée. Être appréciée, c'est du confort. Être aimée, c'est être vue, jusque là où ça fait mal, jusque là où tu as peur de montrer, et malgré tout, ne pas être abandonnée.

Être aimé, c'est sentir qu'il existe un endroit dans le monde qui a ta forme. Un lieu où tu tiens exactement comme tu es, sans te serrer, sans déborder, sans avoir besoin de te plier pour y entrer.

Il y a un moment où nous nous rendons compte que quelqu'un nous aime vraiment. Ce n'est pas dans un geste grandiose. C'est dans un petit détail, quelque chose que seul quelqu'un qui nous voit vraiment pourrait savoir. Et ce moment change tout.

Être aimée, ce n'est pas être parfaite pour quelqu'un. C'est être imparfaite, et être aimée précisément pour cela. Pour les failles, pour les contradictions, pour ce qui reste encore à résoudre.

Il y a un type d'amour qui nous fait grandir. Qui nous met au défi, qui nous reflète, qui nous dit la vérité même quand la vérité est difficile. C'est cet amour-là qui nous mérite.

Être aimé, c'est aussi être pensé. Que quelqu'un pense à nous au milieu de la journée, sans raison, sans motif, et sourie. Cette pensée, ce sourire, valent plus que mille mots.

Il y a des gens qui passent leur vie entière à attendre d'être aimés de la bonne façon. Et en attendant, ils ne réalisent pas qu'ils ont peut-être d'abord besoin d'apprendre à s'aimer eux-mêmes, pour reconnaître l'amour quand il arrivera enfin.

Être aimée, c'est sentir que le monde est un endroit moins effrayant. Non pas parce que les problèmes disparaissent, mais parce qu'on n'est plus seule à l'intérieur d'eux.

Le plus grand cadeau que quelqu'un puisse nous faire, ce n'est pas du temps, ce n'est pas de l'attention, ce ne sont pas de jolis mots. C'est la certitude, cette certitude tranquille et solide, que nous sommes en sécurité. Que nous sommes aimés. Que nous sommes arrivés à la maison.

Partie III, De la Douleur

CHAGRIN

Le chagrin ne prévient pas de son arrivée. Mais quand il arrive, il occupe tout, les coins de la maison, les heures du jour, jusqu'aux rêves qui n'appartenaient qu'à nous auparavant.

Il y a une phase du chagrin où l'on cherche l'erreur. Où ça a échoué, ce qu'on a dit, ce qu'on n'a pas dit, ce qui aurait pu être différent. C'est un labyrinthe sans sortie, et pourtant, nous y entrons toujours.

Le chagrin, ce n'est pas seulement perdre quelqu'un. C'est perdre la version de nous-mêmes qui existait quand cette personne était là. Cette perte-là est la plus profonde.

Le cœur brisé fait du bruit seulement à l'intérieur. À l'extérieur, la vie continue, le café, le travail, le sourire de circonstance. Et personne ne sait. Et c'est ça le plus solitaire de tout.

Il y a des chagrins qui passent. Et il y a des chagrins qui restent, transformés, silencieux, mais présents. Comme une cicatrice qui ne fait plus mal, mais que la main trouve toujours.

Pleurer quelqu'un qui a choisi de partir est l'un des actes les plus humains qui soient. Ce n'est pas de la faiblesse. C'est la preuve qu'on a vraiment aimé.

Le chagrin enseigne. Il fait payer cher la leçon, mais il enseigne. Sur ce que nous voulons, sur ce que nous méritons, sur là où nous ne devons plus jamais retourner.

Après le chagrin vient un silence étrange. Lourd au début. Mais avec le temps, dans ce même silence, commence à grandir quelque chose qui ressemble beaucoup à la paix.

Il n'y a pas de raccourci pour le chagrin. Il faut le traverser, lentement, avec de la douleur, avec des mauvais jours et des nuits pires encore. Mais on le traverse. On le traverse toujours.

Et un jour, sans date fixée, sans prévenir, nous nous réveillons et le poids est plus léger. Il n'a pas disparu. Mais il n'écrase plus. Et ça, à soi seul, c'est déjà une victoire.

TRAHISON

La trahison ne fait pas si mal à cause de ce qui a été fait. Elle fait mal à cause de ce qu'elle détruit, la confiance, l'innocence d'avoir cru, la version du monde où cette personne était sûre.

Il y a des trahisons qui viennent d'où on les attend le moins. Pas de l'ennemi, de l'ami. Pas de l'inconnu, de celui qui connaissait notre nom, nos peurs, nos secrets. Celle-là déchire différemment.

Être trahie, c'est découvrir que la personne que nous pensions connaître était aussi une autre personne que nous ne connaissions pas. Et rester sans savoir laquelle des deux était réelle.

La trahison nous change. Nous ne sommes plus les mêmes après elle. Nous devenons plus prudents, plus fermés, plus lents à faire confiance. Et il y a une tristesse dans cela, non pas à cause de la trahison elle-même, mais parce que nous perdons l'ouverture que nous avions avant.

Il y en a qui pardonnent la trahison. Et il y a une grandeur énorme là-dedans, pas de la faiblesse, de la grandeur. Parce que pardonner, ce n'est pas accepter ce qui a été fait. C'est refuser de laisser ce qui a été fait nous définir pour toujours.

La trahison nous apprend qui nous sommes quand le sol disparaît. Certains s'effondrent, et cela a tout son sens. D'autres restent debout sans savoir comment. Les deux sont des façons valables de survivre à l'insupportable.

Il y a des trahisons silencieuses, sans drame, sans confrontation. Un éloignement progressif, une loyauté qui a diminué sans prévenir. Celles-là sont les plus confuses parce que nous ne savons jamais avec certitude où elles ont commencé.

Après la trahison vient une question qui n'a pas de bonne réponse : comment n'ai-je pas vu ? Et la vérité, c'est que parfois nous avons vu, et nous avons choisi de ne pas voir. Et ça, cette partie-là, est la plus difficile à avaler.

Faire de nouveau confiance après une trahison est l'un des actes les plus courageux qui existent. Ce n'est pas de la naïveté, c'est un choix conscient de ne pas laisser le pire de quelqu'un devenir notre prison.

La trahison en dit plus long sur celui qui la commet que sur celle qui la subit. Ne jamais l'oublier. Jamais.

Trahir, c'est aussi une façon de se perdre soi-même. Au moment où nous le faisons, quelque chose en nous le sait, et ce savoir ne disparaît pas avec le temps. Il reste. Comme une tache que nous seuls voyons.

Le traître est rarement un monstre. C'est une personne effrayée, faible à un moment, perdue dans un choix qu'elle a fait sans penser aux conséquences. Cela ne justifie pas, mais cela explique. Et expliquer est le premier pas vers la compréhension.

Il y a une solitude particulière à porter une trahison en soi. On ne peut pas en parler, on ne peut pas demander du réconfort pour elle. On la porte seul, et ce poids, parfois, est la plus grande punition.

Trahir et savoir qu'on a trahi, c'est vivre avec une version de nous-mêmes que nous n'aimons pas rencontrer dans le miroir. La rédemption n'efface pas ce qui a été fait, mais c'est le seul chemin de retour vers nous-mêmes.

Demander pardon pour une trahison, c'est reconnaître que nous avons échoué, pas seulement envers l'autre, mais envers nous-mêmes. C'est l'acte le plus humble et le plus nécessaire qui soit. Et ce n'est pas toujours suffisant. Mais c'est toujours nécessaire.

TRAGÉDIE

La plus grande tragédie n'est pas celle qui arrive soudainement. C'est celle qui se construit lentement, brique après brique, silence après silence, jusqu'au jour où nous regardons en arrière et ne reconnaissons plus le chemin parcouru.

Il y a des vies qui semblent normales de l'extérieur et qui sont un naufrage à l'intérieur. Personne ne voit. Personne ne demande. Et nous apprenons si bien à sourire que nous-mêmes ne savons plus quand nous faisons semblant.

La tragédie personnelle a un nom que nous ne disons jamais à voix haute. Nous la gardons en nous, pliée, cachée au fond, de peur que si nous la nommons, elle devienne plus réelle qu'elle ne l'est déjà.

Il y a des pertes qui n'ont pas de funérailles. On ne pleure pas en public, on ne reçoit pas de condoléances. Ce sont les pertes de ceux qui sont encore vivants, mais qui ne le sont plus, de ceux qui sont restés, mais qui sont partis, de ceux qui embrassent, mais ne touchent pas.

La plus grande tragédie n'est pas de souffrir. C'est de souffrir en silence et de convaincre le monde, et nous-mêmes, que tout va bien.

Il y a des moments dans la vie où le sol disparaît. Pas au sens figuré, vraiment. Et nous tombons. Et personne ne nous dit que tomber fait partie du chemin, que le sol revient, qu'un jour nous retrouvons où poser les pieds.

La tragédie personnelle laisse des marques qu'on ne voit pas sur la peau. Elles sont ailleurs, dans ce regard qui met une seconde de trop à sourire, dans cette hésitation avant de dire que tout va bien.

Survivre à sa propre tragédie est un acte que le monde applaudit rarement. Parce que personne n'a vu le spectacle. Mais toi, tu sais. Et ça, rien que ça, suffit.

Il naît une force étrange exactement au point le plus brisé de nous. Pas malgré la tragédie, à cause d'elle. C'est là que la lumière entre, dit-on. Et peut-être est-ce vrai.

La tragédie ne nous définit pas. Ce qui nous définit, c'est ce que nous en faisons, comment nous la portons, comment nous la transformons, comment un jour, qui sait, nous l'offrons au monde sous forme d'art. Sous forme de mots. Sous forme de livre.

__/__/____

Journal des

Émotions

Ce qui cause la tristesse	**Ce qui soulage la tristesse**

Choses dont j'ai besoin de me libérer	**Choses que je veux pour mon bien-être**
☐ ______________	☐ ______________
☐ ______________	☐ ______________
☐ ______________	☐ ______________

Ma tristesse aujourd'hui

Permets-toi de ressentir. La tristesse est une part naturelle de l'expérience humaine.

Fátima Campos

Partie IV, Des Relations

AMITIÉ

La véritable amitié n'a pas besoin d'être arrosée tous les jours. Elle est comme une plante ancienne, aux racines profondes, elle survit aux sécheresses, aux distances, aux longs silences. Et quand on se retrouve, c'est comme si le temps n'était pas passé.

Il y a des amis qui sont un miroir. Qui nous montrent qui nous sommes quand nous n'essayons d'être rien. Ceux-là sont les plus rares et les plus précieux.

L'amitié ne se mesure pas en années. Elle se mesure en instants, ce coup de fil au milieu de la nuit, cette arrivée sans prévenir, ce fait de savoir ce dont nous avons besoin avant même que nous le sachions nous-mêmes.

Il y a des amitiés qui durent une phase de la vie puis changent de forme. Elles ne meurent pas, elles se transforment. Et il y a une belle nostalgie là-dedans, une gratitude pour tout ce qu'elles ont été pendant qu'elles l'ont été.

Un véritable ami ne te dit pas toujours ce que tu veux entendre. Il te dit ce que tu as besoin d'entendre, avec soin, avec respect, mais il le dit. C'est aussi de l'amour. Peut-être le plus honnête de tous.

Il y a des gens à qui nous n'avons besoin de rien expliquer. Nous arrivons, nous nous asseyons, nous nous taisons, et cela suffit. C'est l'amitié la plus confortable du monde.

L'amitié se choisit. Contrairement à la famille, contrairement à tant de choses dans la vie, l'amitié est un choix qui se renouvelle chaque jour. Et il y a une beauté immense là-dedans.

Il y a des amis que nous connaissons depuis des décennies et qui nous surprennent encore. Nous découvrons encore des couches, nous apprenons encore d'eux. Ces amitiés-là sont celles qui nous font grandir sans que nous nous en rendions compte.

Perdre une amitié fait mal d'une façon que le monde ne reconnaît pas suffisamment. Il n'y a pas de rituels pour cela, pas de mots de réconfort tout prêts. Et pourtant, cela fait mal comme peu de choses font mal.

La meilleure amitié est celle où nous pouvons être complètement nous-mêmes, imparfaits, contradictoires, parfois difficiles. Et être aimés exactement ainsi. Cette amitié-là est un foyer.

SAUDADE (NOSTALGIE)

La saudade est la seule douleur qui ait de la beauté. Elle fait mal, mais elle fait mal d'une façon dont nous ne voulons pas qu'elle cesse, parce que tant qu'elle fait mal, nous avons encore ce que nous avons perdu. Cela existe encore, quelque part en nous.

Il y a un mot en portugais que le monde entier envie et qu'aucune langue ne parvient à traduire. Saudade. Ce n'est pas la nostalgie, ce n'est pas la mélancolie, ce n'est pas la tristesse. C'est tout cela ensemble, et encore autre chose qui n'a pas de nom.

La saudade n'est pas seulement celle du passé. Elle peut être celle du présent qui n'est pas encore arrivé, d'un futur que nous avons rêvé et qui n'a pas eu lieu, d'une version de nous-mêmes restée en chemin.

Ressentir de la saudade pour quelqu'un qui existe encore est l'une des sensations les plus étranges et les plus douloureuses qui soient. Parce que la distance n'est pas de lieu, elle est de temps, de circonstance, de tout ce qui a changé sans demander la permission.

La saudade arrive toujours par surprise. Dans une odeur, dans une musique, dans une lumière de fin d'après-midi identique à cet après-midi qui ne revient plus. Et soudain nous y sommes de nouveau, entiers, dans ce moment qui n'existe plus.

Il y a des saudades qui réchauffent. Ce sont celles des moments heureux, des personnes que nous avons bien aimées, des temps qui ont été bons. Celles-là, nous les gardons avec soin, comme des photographies qui ne jaunissent pas.

Ressentir de la saudade est la preuve que nous avons vécu quelque chose qui en valait la peine. On n'a de la saudade que pour ce qui a compté. Pour ce qui était réel. Pour ce qui a laissé une trace.

La saudade de qui n'est plus là est une forme d'amour qui n'a nulle part où aller. Elle reste en nous, tranquille, n'attendant rien, et pourtant, elle refuse de partir.

Il y a une saudade de nous-mêmes, de la personne que nous étions avant certaines pertes, avant certains choix, avant de grandir. Nous ne voulons pas y retourner. Nous voulons seulement, un instant, pouvoir la visiter.

La saudade est le prix de l'amour. Et même en le sachant, même en sachant qu'aimer, c'est se condamner à la saudade, nous aimons quand même. Toujours quand même. Parce que l'amour, même avec la saudade, vaut toujours plus que le vide de ne pas avoir aimé.

JALOUSIE

La jalousie n'est pas de l'amour. Mais elle naît toujours d'un endroit où l'amour existe, ou a existé. C'est la peur habillée en possessivité, l'insécurité déguisée en attention.

Il y a une jalousie qui prévient. Qui apparaît une fois, dit ce qu'elle a à dire et s'en va. Et il y a une jalousie qui s'installe, qui reste, qui grandit, et qui dévore tout ce qu'elle touche, y compris ce qu'elle essayait de protéger.

Ressentir de la jalousie est humain. Agir à partir d'elle est un choix. Et c'est dans cette différence, entre ressentir et agir, que se décide le destin d'une relation.

La jalousie en dit toujours plus sur nous que sur l'autre. Elle parle de nos vieilles blessures, des trahisons que nous avons gardées, des peurs que nous n'avons jamais résolues. C'est un miroir, et nous aimons rarement ce que nous y voyons.

Il y a une jalousie silencieuse qui ne se dit jamais. Qui s'avale, qui se déguise, qui ronge de l'intérieur sans que personne ne le sache. Celle-là est la plus dangereuse, parce qu'elle fermente seule, sans air, sans lumière.

Être la cible de la jalousie de quelqu'un est suffocant. Même quand cela naît de l'amour, peut-être surtout quand cela naît de l'amour. Parce que l'amour qui emprisonne cesse d'être de l'amour et devient une cage.

La jalousie s'autoalimente. Plus elle se nourrit, plus elle grandit. Et plus elle grandit, plus elle éloigne ce qu'elle craignait de perdre. C'est une tragédie circulaire qui ne s'arrête que lorsque nous décidons de l'interrompre.

Il y a des couples qui confondent jalousie et passion. Qui pensent que sans jalousie il n'y a pas d'amour. Mais le véritable amour ne contrôle pas, il fait confiance. Il n'emprisonne pas, il libère. Il ne craint pas, il croit.

Guérir la jalousie est un travail intérieur que personne ne peut faire à notre place. C'est regarder ses propres blessures, les nommer, les soigner. C'est comprendre que la sécurité que nous cherchons chez l'autre ne peut venir que de l'intérieur.

Au fond, la jalousie est un appel au secours mal formulé. C'est quelqu'un qui a peur de perdre et qui ne sait pas dire, je t'aime, j'ai peur, j'ai besoin de toi. S'il savait le dire, peut-être que la jalousie n'aurait même pas besoin d'exister.

ENVIE

L'envie ne s'avoue pas. C'est le sentiment que tout le monde connaît et que personne n'admet, parce que l'admettre, c'est exposer une blessure que nous préférons faire semblant de ne pas avoir.

L'envie naît toujours d'une comparaison. Et la comparaison naît toujours d'une insécurité. Au fond, nous ne voulons pas ce que l'autre a, nous voulons sentir que nous sommes suffisants nous aussi.

Il y a une envie petite et passagère qui est presque trop humaine pour être condamnée. Un instant de « j'aimerais avoir ça aussi », et puis ça passe. C'est celle que tout le monde ressent et que peu admettent.

L'envie qui reste, qui grandit, qui commence à colorer la façon dont nous voyons l'autre, celle-là est dangereuse. Non pas parce qu'elle blesse celui qui est envié, mais parce qu'elle ronge celui qui la porte.

On envie toujours ce qui nous manque, ou ce que nous croyons qui nous manque. Parce que souvent ce que nous envions chez l'autre est quelque chose que nous avons aussi en nous, encore à découvrir, encore à construire.

Il y a une envie déguisée en critique. Qui ne complimente pas, qui rabaisse, qui trouve toujours le défaut dans le succès d'autrui. Nous la reconnaissons facilement chez les autres. Chez nous-mêmes, rarement.

L'envie est solitaire. Elle ne se partage pas, elle ne se discute pas, elle n'a pas de compagnie. Elle vit à l'intérieur, cachée, elle ronge, et la seule façon de la faire taire est de regarder en soi et de se demander : qu'est-ce que je veux vraiment pour ma vie ?

Transformer l'envie en inspiration est l'un des exercices les plus difficiles et les plus libérateurs qui soient. Voir chez l'autre non pas une menace, mais un miroir de ce qui est possible. Une carte, pas un tribunal.

Personne qui est véritablement heureux avec soi-même n'a le temps d'envier. L'envie est toujours le symptôme, jamais la maladie. La maladie s'appelle le manque d'amour de soi.

Le jour où nous parvenons à célébrer sincèrement le succès des autres, sans réserve, sans poids, sans ce pincement que nous préférons ne pas nommer, ce jour-là, nous sommes véritablement libres.

SÉPARATION

La séparation n'arrive pas au moment où l'on se dit au revoir. Elle arrive bien avant, dans ce regard qui a cessé de chercher le nôtre, dans ce silence qui n'était plus confortable, dans ce moment où nous avons réalisé que nous étions seuls même en étant ensemble.

Il y a des séparations qui libèrent. Qui arrivent trop tard, mais qui arrivent, et avec elles vient un air que nous ne respirions plus depuis longtemps. Celles-là font mal aussi. Mais elles font mal différemment.

Se séparer, c'est diviser une vie construite à deux. Et il n'y a pas de façon juste de le faire, parce qu'il y a des choses qui ne se divisent pas. Les souvenirs, les rires, l'habitude de s'endormir avec quelqu'un à côté. Celles-là restent entières chez chacun. Et elles pèsent.

Il y a une phase de la séparation où l'on veut revenir en arrière, pas nécessairement vers cette personne, mais vers cette sensation d'appartenir à quelqu'un. D'avoir une place précise dans le monde de quelqu'un. Cette saudade-là est la plus traîtresse.

La séparation nous oblige à redécouvrir qui nous sommes seuls. Et souvent nous découvrons que nous avons oublié, que nous nous sommes tant perdus dans la vie à deux que nous ne savions plus où finissait l'autre et où nous commencions.

Il y a des séparations qui se font avec amour. Avec respect, avec gratitude pour tout ce qui a été. Celles-là sont les plus rares et les plus belles, parce qu'elles prouvent que deux personnes peuvent grandir dans des directions différentes sans cesser de se vouloir du bien.

Après la séparation vient un silence étrange. L'absence de l'autre occupe plus d'espace que sa présence n'en a jamais occupé. C'est paradoxal, et c'est réel.

Se séparer, ce n'est pas échouer. C'est reconnaître que tout ce que nous aimons ne nous convient pas pour toujours. Et qu'il y a une honnêteté immense à l'admettre, à soi-même et à l'autre.

Le temps après la séparation est le plus difficile et le plus nécessaire. C'est là que nous nous reconstruisons, lentement, parfois sans croire que c'est possible. Mais ça l'est. Toujours.

Une séparation bien vécue, avec douleur, avec honnêteté, avec du temps, peut être le début de quelque chose que nous ne savons pas encore nommer. Ce n'est pas la fin de l'histoire. C'est seulement la fin d'un chapitre. Et les chapitres suivants sont encore vierges.

Partie V, Les Sept Péchés

ORGUEIL

L'orgueil est la plus élégante des prisons. Celui qui l'habite sait rarement qu'il est enfermé, parce qu'à l'intérieur tout paraît grandiose, tout paraît mérité, tout paraît moindre que ce qu'on devrait avoir.

Il y a une différence entre la confiance en soi et l'orgueil. La confiance en soi n'a pas besoin de diminuer l'autre pour se sentir grande. L'orgueil, lui, n'existe qu'en comparaison, et ne se nourrit que de supériorité.

L'orgueilleux a peur. C'est toujours de la peur, celle de ne pas être suffisant, d'être démasqué, que sans l'armure de grandiosité il ne reste rien de spécial. L'orgueil est un bouclier, pas une couronne.

Il y a une solitude particulière chez ceux qui vivent dans l'orgueil. Parce que personne ne parvient vraiment à atteindre celui qui est toujours sur un piédestal, pas même celui qui s'y trouve.

L'orgueil tombe toujours. Non pas parce que la vie est juste, mais parce que personne ne peut se maintenir indéfiniment au-dessus de sa propre vérité. Et la vérité, tôt ou tard, apparaît.

L'antidote de l'orgueil n'est pas l'humiliation, c'est l'humilité. Cette capacité rare et précieuse de regarder l'autre et de reconnaître : moi aussi, j'ai encore beaucoup à apprendre.

AVARICE

L'avarice n'est pas seulement d'argent. Elle est de temps, d'affection, de reconnaissance. C'est l'incapacité de donner, par peur d'en manquer, par peur de perdre, par peur que la générosité nous rende vulnérables.

L'avare accumule. Mais ce qu'il accumule ne suffit jamais, parce que l'avarice n'a pas de fond. C'est un puits qui se remplit et se vide en même temps, toujours assoiffé, jamais rassasié.

Il y a une pauvreté étrange chez qui a beaucoup et partage peu. Pas la pauvreté du portefeuille, celle de l'âme. Parce que l'âme grandit quand elle donne. Et elle se fane quand elle garde tout pour elle.

L'avarice naît de la peur du manque. D'une croyance profonde et silencieuse qu'il n'y en a pas assez pour tout le monde, et qu'il faut donc garder, accumuler, protéger. Mais la vie, étrangement, récompense ceux qui ouvrent la main.

Donner sans rien attendre en retour est l'un des actes les plus contre-intuitifs et les plus libérateurs qui soient. L'avarice ne le comprendra jamais. Et c'est pour cela qu'elle ne sera jamais libre.

LUXURE

La luxure n'est pas le désir, c'est le désir sans âme. C'est le corps qui veut sans que le cœur y participe, sans que l'autre soit une personne, sans qu'il y ait de véritable rencontre. C'est la façon la plus solitaire d'être avec quelqu'un.

Il y a une différence entre vouloir quelqu'un et vouloir quelqu'un. L'une est de la luxure, intense, immédiate, jetable. L'autre est un désir aux racines, qui connaît le nom, qui se souvient du rire, qui veut rester après.

La luxure promet beaucoup et livre peu. Elle laisse toujours une sensation étrange, non pas de satisfaction, mais de vide. Comme manger sans avoir faim. Comme courir sans destination.

Il n'y a pas de jugement dans la luxure, il n'y a qu'une question honnête : que cherchons-nous vraiment quand nous la suivons ? Parce que ce n'est que rarement ce que nous pensons.

La luxure est éphémère par nature. Et c'est peut-être là sa leçon, que ce qui n'est que du corps passe. Ce qui touche l'âme, cela reste.

COLÈRE

La colère est du feu. Et comme tout feu, elle a deux visages, elle peut détruire tout ce qu'elle touche, ou être la flamme qui réchauffe, qui éclaire, qui nous fait avancer quand plus rien d'autre ne le fait.

Il y a une colère juste. Qui naît de l'injustice, de la trahison, du mépris répété. Cette colère-là n'est pas un péché, c'est un signal. C'est le corps et l'âme qui disent : ceci n'est pas juste. Ceci ne peut pas continuer.

La colère mal gérée est un incendie dans la maison. Elle brûle tout, les relations, les mots, les ponts que nous pouvions encore traverser. Et quand elle passe, ce qui reste, c'est de la cendre et du regret.

Avaler sa colère n'est pas une vertu. C'est un report. Elle revient toujours, plus grande, plus chaude, moins contrôlable. La colère a besoin d'être entendue, pas réduite au silence.

Il y a des gens qui ont peur de leur propre colère. Qui l'évitent, qui la nient, qui sourient quand ils devraient crier. Ces personnes accumulent, et un jour elles débordent là où elles ne devraient pas, sur qui ne le méritait pas.

L'antidote de la colère n'est pas le calme forcé. C'est l'honnêteté, dire ce qui blesse, quand ça blesse, avant que ça ne se transforme en feu.

GOURMANDISE

La gourmandise n'est pas seulement de nourriture. Elle est d'expériences, d'amour, d'attention, de tout ce qui nous fait nous sentir vivants. C'est l'excès comme réponse au vide, la tentative de combler de l'extérieur ce qui manque à l'intérieur.

Il y a une gourmandise qui est joie, celle du banquet partagé, du plaisir sans culpabilité, de la vie savourée avec présence. Celle-là n'est pas un péché. C'est de la sagesse.

La gourmandise qui fait mal est celle qui mange sans ressentir. Qui consomme sans savourer, qui accumule sans apprécier. C'est la quantité qui essaie de remplacer la qualité, et qui n'y parvient jamais.

Nous sommes une génération avide de tout et satisfaite de rien. Nous voulons plus, plus vite, plus intense, et ensuite nous nous étonnons que rien ne suffise. Que rien ne rassasie. Que le vide persiste malgré tout.

Apprendre à savourer, lentement, avec attention, avec gratitude, est l'antidote de la gourmandise. C'est découvrir que moins, vécu pleinement, vaut toujours plus que beaucoup, vécu à la hâte.

PARESSE

La paresse a mauvaise réputation. Mais toute paresse n'est pas un vice, il y a une paresse qui est un repos nécessaire, qui est le corps et l'âme qui demandent une pause, qui refusent le rythme impossible que le monde exige.

Il y a, cependant, une paresse qui est fuite. Qui évite, qui reporte, qui trouve toujours une raison de ne pas commencer. Celle-là ne repose pas, elle paralyse. Et elle paralyse toujours exactement là où la vie était sur le point de se produire.

La paresse du corps se guérit par le mouvement. La paresse de l'âme est plus difficile, elle a besoin d'un but, d'un sens, d'une raison de se lever qui soit plus grande que le confort de rester.

Il y a des rêves qui meurent de paresse. Pas de manque de talent, pas de manque d'opportunité, de paresse. De ne pas commencer, de demain, de quand j'aurai plus de temps. Et le temps passe. Et les rêves restent à vivre.

L'antidote de la paresse n'est pas la culpabilité, c'est la curiosité. C'est trouver quelque chose qui nous allume à l'intérieur, qui nous donne envie de nous lever avant le réveil, qui fait de l'effort quelque chose qu'on choisit au lieu de quelque chose qu'on traîne.

Se reposer est nécessaire. S'arrêter est humain. Mais il y a une différence entre poser et abandonner, et cette différence, petite mais décisive, s'appelle l'intention.

Partie VI, De la Vie Intérieure

SOLITUDE

La solitude a deux visages. L'un qui effraie, le silence vide, l'absence qui pèse, le sentiment de n'appartenir à personne. Et l'autre qui libère, l'espace d'être seulement à soi, sans bruit, sans performance, sans avoir besoin d'être quoi que ce soit pour personne.

Il y a une différence entre être seul et ressentir de la solitude. Nous pouvons être entourés de gens et être l'être le plus seul de la pièce. Et nous pouvons être complètement seuls et nous sentir entiers, accompagnés par nous-mêmes.

La solitude moderne est étrange. Nous n'avons jamais été aussi connectés, et nous ne nous sommes jamais sentis aussi seuls. Parce que la vraie connexion ne se fait pas d'écrans et de messages. Elle se fait de présence, d'yeux dans les yeux, de silences partagés.

Apprendre à être seul est l'une des compétences les plus importantes de la vie. Qui ne parvient pas à être avec soi-même cherche toujours chez l'autre ce qui ne peut venir que de l'intérieur, et cette quête ne finit jamais bien.

La solitude créative est un cadeau. C'est dans le silence d'être seul que naissent les meilleures idées, les mots les plus honnêtes, l'art le plus vrai. De grandes œuvres sont nées de la solitude, non pas malgré elle, mais à cause d'elle.

Il y a des gens qui fuient la solitude vers le bruit, le travail, les réseaux, les relations qui ne nourrissent pas, mais qui remplissent l'espace. Et le bruit fonctionne, pendant un temps. Mais la solitude attend toujours. Elle est patiente.

La solitude nous apprend qui nous sommes quand personne ne regarde. Quand il n'y a pas de rôle à jouer, ni d'attentes à satisfaire. Ces moments-là sont les plus honnêtes de notre vie.

Ressentir de la solitude n'est pas une faiblesse, c'est de l'humanité. C'est la reconnaissance que nous avons besoin les uns des autres, que nous n'avons pas été faits pour vivre en îles. Ce besoin ne nous diminue pas. Il nous définit.

Il y a une solitude qui se choisit, la retraite, le silence intentionnel, le temps seul comme façon de revenir à soi. Cette solitude-là guérit. C'est le retour à la maison après trop longtemps perdu dans le monde.

Au fond, la plus grande solitude n'est pas de n'avoir personne. C'est de ne pas s'avoir soi-même, d'être perdu en soi, sans se connaître, sans s'écouter, sans savoir qui l'on est quand tout le reste disparaît.

--/--/----

Journal de la

Sérénité

Moments de paix vécus aujourd'hui	**Ce qui apaise mon esprit aujourd'hui**

Pratiques de pleine conscience	**Comment cultiver plus de calme demain**
☐ ______________	☐ ______________
☐ ______________	☐ ______________
☐ ______________	☐ ______________

Mes moments de sérénité

Respire profondément. Laisse le calme remplir chaque instant de ta journée.

Fátima Campos

SILENCE

Le silence n'est pas l'absence de son. C'est une présence, dense, vivante, pleine de tout ce qui n'a pas été dit et de tout ce qui n'a pas besoin de l'être.

Il y a des silences qui réconfortent. Le silence à côté de quelqu'un que nous aimons, où il n'y a rien à prouver ni à remplir. Ces silences-là sont la forme la plus pure d'intimité.

Il y a des silences qui étouffent. Ceux qui naissent de la peur, de l'évitement, des mots restés trop longtemps à dire. Ceux-là grandissent, et plus ils grandissent, plus il devient difficile de les briser.

Apprendre à habiter le silence est un art que le monde moderne a presque oublié. Nous vivons en fuite constante du silence, avec de la musique, des écrans, du bruit de fond. Comme si le silence était dangereux. Et peut-être l'est-il, parce que dans le silence nous nous entendons.

Le silence après une dispute a un poids particulier. Ce n'est pas la paix, c'est une tension suspendue. C'est tout ce qui a été dit en train de se déposer, et tout ce qui est resté à dire flottant encore.

Il y a des gens qui communiquent mieux dans le silence que dans les mots. Qui disent plus avec un regard, avec une présence, avec le simple fait de rester. Ces personnes sont rares et précieuses.

Le silence de la nature guérit d'une façon qu'aucun mot ne peut atteindre. Le son du vent, de la pluie, de la mer, sont des silences habités qui nous rappellent que nous existons à l'intérieur de quelque chose de bien plus grand que nos problèmes.

Parfois la réponse la plus sage est le silence. Non par lâcheté, par sagesse. Parce qu'il y a des moments où n'importe quel mot serait moins que ce que la situation mérite.

Le silence entre deux personnes qui s'aiment est différent du silence entre deux personnes qui se sont perdues. L'un réchauffe. L'autre glace. Et tous les deux disent tout sans rien dire.

Dans le silence nous nous retrouvons. C'est là que la voix la plus profonde, celle qui ne parle pas, celle qui sait simplement, se fait enfin entendre.

PEUR

La peur est le gardien le plus zélé que nous ayons. Elle nous protège des dangers réels, mais elle nous éloigne aussi de tout ce qui pourrait être extraordinaire. Le problème, c'est qu'elle ne sait pas distinguer les deux.

Il y a des peurs qui ont du sens. Qui sont une sagesse accumulée, un instinct affiné, le corps qui dit : attention, ce n'est pas sûr. Ces peurs-là méritent d'être entendues.

Et il y a des peurs qui sont des prisons. Qui ont été construites dans un moment de douleur ancienne et qui sont restées, même quand la douleur est passée, même quand le danger n'existe plus. Ces peurs-là ont besoin d'être questionnées.

La peur de l'abandon. La peur de ne pas être suffisant. La peur d'aimer et d'être blessé. La peur d'essayer et d'échouer. Ce sont toutes, au fond, la même peur, celle de ne pas mériter d'être ici, de ne pas mériter ce que nous désirons.

Agir avec peur n'est pas de la lâcheté, c'est du courage. Le courage n'est pas l'absence de peur. C'est faire le pas même avec elle. C'est trembler et avancer quand même.

Il y a des gens qui vivent leur vie entière dans la peur sans le savoir. Qui appellent prudence ce qui est paralysie, qui appellent réalisme ce qui est renoncement. Et la vie passe, sûre, prévisible, et étrangement vide.

La peur partagée pèse moins. Il y a une magie étrange à dire à voix haute : « j'ai peur ». La vulnérabilité ne nous affaiblit pas. Elle nous libère.

Les plus grands regrets de la vie concernent rarement ce que nous avons fait avec peur. Ils concernent ce que nous n'avons pas fait à cause d'elle.

Regarder sa propre peur en face est l'un des actes les plus transformateurs qui soient. Non pour l'éliminer, mais pour la connaître. Et découvrir que, souvent, elle est bien plus petite qu'elle ne le paraissait dans l'obscurité.

La peur est un messager. Elle nous dit où sont nos blessures, où se trouve ce qui compte le plus, où il reste du travail à faire. Nous l'écoutons, mais nous ne la laissons pas commander.

__/__/____

Journal de la

peur

Ce que je veux accepter de moi	**Ce qui me rend anxieuse/anxieux aujourd'hui**

Choses qui me terrifient	**Ce que je peux faire pour apaiser mon esprit**
☐ ____________	1. ____________
☐ ____________	2. ____________
☐ ____________	3. ____________

Mes peurs d'aujourd'hui

La peur peut être un guide, m'enseignant à reconnaître ce qui compte vraiment et à trouver des forces en moi.

Fátima Campos

CULPABILITÉ

La culpabilité a une voix persistante. Elle ne crie pas, elle chuchote. Et c'est exactement pour cela qu'elle est si difficile à faire taire.

Il y a une culpabilité saine, celle qui naît d'avoir eu tort, d'avoir blessé, d'être resté en deçà de ce que nous voulions être. Cette culpabilité-là est utile. Elle nous pousse à demander pardon, à réparer, à grandir.

Et il y a une culpabilité qui ne sert plus aucun but. Qui est restée après que nous avons déjà demandé pardon, après que nous avons déjà réparé ce qui pouvait l'être. Cette culpabilité-là n'est pas de la conscience, c'est de l'autopunition.

Nous portons des culpabilités qui ne sont pas les nôtres. De familles, de vieilles histoires, d'attentes que nous n'avons jamais choisies, mais que nous avons intériorisées si profondément que nous ne savons plus distinguer ce qui est à nous de ce qu'on nous a donné à porter.

La culpabilité et la honte semblent identiques, mais elles sont différentes. La culpabilité dit : j'ai fait quelque chose de mal. La honte dit : je suis mauvais(e). L'une peut se transformer en croissance. L'autre paralyse.

Nous pardonner à nous-mêmes est souvent plus difficile que demander pardon à l'autre. Parce que l'autre peut nous absoudre, mais seuls nous pouvons nous absoudre nous-mêmes. Et cette absolution-là doit être conquise.

Il y a des gens qui vivent dans une culpabilité permanente, comme si ne pas mériter d'être heureux était une façon de payer ce qu'ils ont fait. Mais le malheur ne répare rien. Il ne fait que gaspiller plus de vie.

La culpabilité, quand elle est entendue et travaillée, se transforme en responsabilité. Et la responsabilité est l'une des façons les plus mûres et les plus libératrices d'être au monde.

Nous avons fait des erreurs. Nous en faisons tous. La question n'est pas de ne pas se tromper, c'est ce que nous faisons après l'erreur. Comment nous nous relevons, comment nous réparons, comment nous devenons meilleurs sans nous détruire dans le processus.

Lâcher la culpabilité, ce n'est pas oublier. C'est décider que l'erreur a déjà rempli sa fonction, a enseigné ce qu'elle avait à enseigner. Et que continuer à la porter ne fait pas de nous de meilleures personnes. Seulement des personnes plus lourdes.

PARDON

Le pardon n'est pas un cadeau que nous faisons à l'autre. C'est un cadeau que nous nous faisons à nous-mêmes, la décision de ne pas laisser ce qu'on nous a fait continuer à occuper de l'espace en nous.

Pardonner, ce n'est pas oublier. Ce n'est pas dire que ce qui est arrivé était acceptable. C'est seulement refuser de laisser cela continuer à arriver, en nous, tous les jours, sans compter.

Il y a des pardons qui arrivent vite. Et il y a des pardons qui prennent des années, qui ont besoin de temps, de distance, de beaucoup de douleur avant d'être possibles. Il n'y a pas de délai fixe pour pardonner. Il n'y a que le moment où nous sommes prêts.

Le pardon le plus difficile n'est pas celui de l'autre. C'est celui de nous-mêmes. Parce que nous sommes les juges les plus implacables de notre propre histoire, et les plus lents à prononcer l'absolution.

Il y a des choses qui se pardonnent, mais qui ne s'oublient pas. Et c'est très bien ainsi. Le pardon n'efface pas le souvenir, il réécrit le poids qu'il porte. Il transforme la blessure en cicatrice. Et la cicatrice ne saigne plus.

Demander pardon à quelqu'un que nous avons blessé est un acte de courage. Mais le demander sans attendre d'être pardonné, sans faire du pardon d'autrui une condition à notre propre paix, cela, c'est de la sagesse.

Il y a des gens que nous ne parvenons pas à pardonner, et c'est très bien ainsi. Le pardon n'est pas une obligation. C'est un chemin, et nous ne sommes pas tous prêts à parcourir tous les chemins. L'important est de ne pas prétendre l'avoir déjà parcouru quand ce n'est pas le cas.

Le pardon arrive souvent déguisé en fatigue. Un jour nous n'avons simplement plus l'énergie pour la colère, pour la peine, pour la rancune. Et dans cet épuisement, de manière inattendue, nous trouvons la paix.

Pardonner ne nous rend pas vulnérables. Cela nous rend libres. Il y a une différence énorme entre les deux, et le pardon est exactement là où vit cette différence.

Au final, garder rancune, c'est comme boire du poison en attendant que l'autre meure. Le pardon n'est pas de la faiblesse, c'est la façon la plus intelligente et la plus aimante de prendre soin de nous-mêmes.

Partie VII, Du Temps

ENFANCE

L'enfance n'est pas un temps, c'est un lieu. Un lieu où nous ne retournons plus jamais complètement, mais qui ne nous abandonne jamais tout à fait. Elle vit en nous comme une musique que nous ne savons plus chanter, mais que nous reconnaissons dès les premières notes.

Il y avait une façon de regarder le monde, enfant, que le monde adulte a lentement volée. La capacité de s'émerveiller, de croire, de vivre complètement dans l'instant sans penser à ce qui vient après.

L'enfance heureuse est un cadeau qu'on ne reconnaît qu'après coup. Sur le moment, c'est simplement la vie, normale, évidente, garantie. Plus tard, nous réalisons que c'était de l'or. Et que tout le monde n'en a pas eu.

Il y a des enfances qui marquent de façons que la vie adulte passe des années à essayer de comprendre. De vieilles blessures, des silences qui n'auraient pas dû exister, des amours qui ont échoué avant que nous sachions ce qu'était l'amour. Ces enfances-là façonnent aussi, peut-être même plus profondément.

L'enfant que nous avons été ne disparaît pas. Elle est là, dans la peur irrationnelle, dans le rire spontané, dans le besoin d'être pris dans les bras quand tout va mal. Parfois nous avons besoin de l'écouter au lieu de la faire taire.

Il y a des odeurs qui nous ramènent immédiatement à l'enfance. Un gâteau, une pluie, un vieux savon. Le corps garde ce que l'esprit oublie, et nous y ramène sans demander la permission.

Jouer était le travail le plus sérieux du monde quand nous étions enfants. Et c'est peut-être encore le cas, peut-être que la vie adulte aurait besoin de plus jouer, de plus de légèreté, de plus de moments sans autre but que le simple plaisir d'être.

L'enfance que nous n'avons pas eue est aussi une perte qu'on porte en deuil. Il y a des adultes qui font le deuil d'une enfance volée, interrompue, insuffisante. Ce deuil est légitime. Et il mérite d'être fait.

Grandir est nécessaire. Mais garder en nous un morceau de l'enfant que nous avons été, celui qui croyait, qui rêvait, qui n'avait pas peur d'être ridicule, cela, c'est de la sagesse.

Au final, la meilleure chose que nous puissions faire pour l'enfant que nous avons été, c'est de vivre, vraiment, avec courage, avec joie. Parce qu'elle méritait cela. Et nous aussi.

VIEILLIR

Vieillir, ce n'est pas perdre, c'est accumuler. Chaque ride est une histoire, chaque cheveu blanc est un hiver traversé, chaque marque sur le corps est la preuve que nous avons vécu avec assez de présence pour laisser une trace.

Le monde a peur de vieillir. Il le cache, il le déguise, il le traite comme un échec plutôt que comme une conquête. Mais vieillir est un privilège qui n'est pas donné à tous, et nous l'oublions bien trop souvent.

Il y a une beauté dans le vieillissement que la jeunesse ne peut voir, parce qu'elle ne l'a pas encore vécue. La sérénité de ne plus avoir besoin de rien prouver. La liberté de ne plus tenir dans des moules qui n'ont jamais été les nôtres.

Vieillir à l'intérieur est plus effrayant que vieillir à l'extérieur. Perdre la curiosité, l'ouverture, la capacité de s'étonner, cela, c'est vraiment vieillir. Le corps peut avoir quatre-vingt-dix ans et l'âme peut être jeune. Et vice-versa.

Il y a une génération qui vieillit en faisant semblant de ne pas vieillir. Qui court après la jeunesse comme si c'était un endroit où l'on peut retourner. Mais la jeunesse n'est pas un âge, c'est une façon d'être. Et cela peut durer toute la vie.

Ce que l'on regrette le plus à la fin, ce ne sont pas les rides, ce sont les risques non pris, les mots non dits, les étreintes remises à plus tard. Bien vieillir, c'est faire la paix avec cela, et prendre les risques qui restent.

Vieillir aux côtés de quelqu'un est l'une des formes d'amour les plus profondes. Voir l'autre changer, grandir, rester, et rester aussi. Se choisir chaque jour même quand les jours ne sont plus si nombreux.

Il y a une sagesse que seul le temps donne. Qui ne se précipite pas, qui ne s'achète pas, qui ne se feint pas. Et les personnes plus âgées qui ont vraiment vécu portent cette sagesse dans leurs yeux, et cela vaut la peine de s'arrêter pour l'écouter.

Vieillir, c'est apprendre à lâcher prise. Ce qui a été, ce qui ne sera pas, ce que nous ne pouvons pas contrôler. C'est un art difficile, le plus difficile peut-être. Mais ceux qui le maîtrisent arrivent à la fin avec une légèreté presque enviable.

Au final, la question n'est pas combien d'années nous avons vécu. C'est ce que nous en avons fait. Si nous avons bien aimé, si nous avons ri fort, si nous avons été honnêtes avec nous-mêmes, c'est une vie bien vieillie.

RECOMMENCEMENTS

Recommencer est l'un des actes les plus courageux qui soient. Parce que cela implique d'admettre que quelque chose est terminé, et que malgré cela, malgré la douleur et la fatigue et la peur, nous choisissons de continuer.

Il y a une magie étrange dans les recommencements. Une légèreté qui n'existe que lorsque nous lâchons le poids de ce qui a été et ouvrons les mains à ce qui peut encore être. Ce n'est pas de la naïveté, c'est de la foi.

Le monde célèbre les débuts, mais oublie les recommencements. Et ce sont ceux-là les plus difficiles, parce que recommencer, c'est commencer en sachant déjà ce qui peut mal tourner. C'est choisir d'essayer quand même.

Recommencer, ce n'est pas effacer. C'est construire par-dessus tout ce qui a été, avec les marques, avec les leçons, avec les cicatrices qui ne saignent plus. Le nouveau ne nie pas l'ancien. Il grandit à partir de lui.

Il y a des recommencements qui arrivent par choix. Et il y a ceux qui arrivent parce que la vie a décidé pour nous, une perte, une rupture, une fin que nous n'avons pas demandée. Ceux-là sont les plus difficiles. Et ceux qui nous transforment le plus.

La première page d'un nouveau chapitre est toujours vierge. Et ce blanc peut être effrayant, ou peut être la plus belle chose du monde. Cela dépend de la façon dont nous choisissons de le regarder.

Recommencer exige de lâcher l'ancienne identité. Et cela fait mal, même quand l'ancienne identité ne nous convenait plus. Parce que c'était nous, à notre façon, et sans elle nous restons un temps sans savoir qui nous sommes.

Il y a des gens qui recommencent plusieurs fois dans la même vie. Qui se réinventent, qui changent de direction, qui n'ont pas peur de dire, ce n'était pas moi, je vais essayer encore. Ces gens-là ne sont pas inconstants. Ils sont courageux.

Le recommencement le plus important n'est pas celui d'une relation, d'un emploi, d'une ville. C'est celui de nous-mêmes. Le jour où nous décidons d'être différents, plus honnêtes, plus libres, plus entiers. Ce recommencement-là change tout.

Il n'est jamais trop tard pour recommencer. Cette phrase est dite tant de fois qu'elle en a perdu son poids. Mais c'est vrai, profondément, inconfortablement vrai. Il n'est jamais trop tard. Tant qu'il y a de la vie, il y a un recommencement possible.

ADIEUX

Les adieux sont le prix de l'amour. De tout ce qui compte. Il n'y a pas de véritable lien sans la possibilité de la perte, et le savoir ne rend pas les adieux plus faciles. Seulement plus honnêtes.

Il y a des adieux qui se font d'un coup, un au revoir clair, un instant défini, une porte qui se ferme avec un bruit. Et il y a des adieux qui se font lentement, sans qu'on s'en rende compte, jusqu'au jour où l'on réalise que c'est déjà arrivé.

L'adieu le plus difficile n'est pas celui de qui part. C'est celui de qui reste, avec l'absence, avec le silence, avec l'espace que l'autre occupait et que personne d'autre ne remplira de la même façon.

Il y a des adieux qui sont un soulagement. Qui arrivent trop tard, mais qui arrivent, et avec eux vient un air qu'on ne respirait plus depuis longtemps. Ceux-là méritent aussi d'être ressentis sans culpabilité.

Bien dire au revoir est un art. Dire ce qu'il y a à dire, remercier pour ce qu'il y a eu à remercier, laisser partir avec amour ce qui ne peut plus rester. Ce n'est pas toujours possible. Mais quand ça l'est, cela laisse une paix que rien d'autre ne donne.

Il y a des adieux qui restent à faire. Des gens partis sans prévenir, des relations terminées sans conversation, des chapitres fermés sans point final. Ces adieux incomplets restent en nous à attendre, un moment, une lettre jamais envoyée, une conversation qui n'existe que dans notre tête.

Le corps se souvient des adieux. Le dernier câlin, le dernier regard, la dernière fois que nous avons entendu une voix. Nous gardons cela sans le vouloir, et nous le retrouvons dans les moments les plus inattendus.

Dire au revoir, c'est aussi une façon d'honorer. De dire : cela a été réel, tu as compté, ce que nous avons vécu mérite d'être reconnu même à la fin.

Il y a des adieux qui sont en réalité des à-bientôt. Qui ne sont pas une fin, mais une pause. Et il y a des fins qui ressemblent à des à-bientôt mais qui sont des adieux pour toujours. La différence, parfois, seul le temps la révèle.

Apprendre à dire au revoir, c'est apprendre à vivre, avec l'impermanence, avec la perte, avec la certitude que rien ne dure toujours et que cela, paradoxalement, est ce qui rend tout si précieux.

MÉMOIRE

La mémoire n'est pas une archive. C'est un être vivant, qui grandit, qui change, qui oublie ce qu'elle veut et garde ce qu'elle décide. Et souvent elle décide pour nous, sans nous consulter.

Nous nous souvenons de ce que nous avons ressenti bien plus que de ce qui s'est passé. Les dates s'oublient, les visages s'estompent, mais la sensation d'avoir été heureux là, d'avoir été blessé ainsi, celle-là reste avec une netteté étrange.

Il y a des souvenirs qui sont des ancres. Qui nous attachent à un temps qui n'existe plus, à une douleur qui aurait déjà dû passer. Nous les portons sans le savoir, et ce n'est qu'en les reconnaissant que nous pouvons enfin les lâcher.

La mémoire est sélective, et miséricordieuse. Avec le temps, elle adoucit les angles, oublie les détails les plus douloureux, garde l'essentiel. C'est une forme de survie que le cerveau a inventée sans nous demander notre avis.

Il y a des souvenirs qui ne sont pas les nôtres mais que nous portons comme s'ils l'étaient. Des histoires de famille, des traumatismes hérités, des peurs que nous n'avons pas vécues mais qui nous ont été transmises. La mémoire traverse les générations, et cela est à la fois beau et lourd.

Oublier n'est pas toujours une perte. Il y a des choses que la mémoire efface par bonté, pour nous laisser avancer, pour nous épargner le poids de tout porter. L'oubli a une mauvaise réputation qu'il ne mérite pas.

Il y a des gens qui vivent dans le passé parce que la mémoire leur semble plus sûre que le présent. Mais la mémoire est une visite, pas une demeure. Nous pouvons y aller, nous pouvons honorer ce qui a été. Mais nous en revenons toujours.

Le souvenir de ceux que nous avons aimés et qui ne sont plus là est une façon de les garder vivants. Tant que nous nous souvenons, ils existent, en nous, dans ce lieu que la mort n'atteint pas.

Nous construisons notre identité à partir de la mémoire, des histoires que nous racontons sur nous-mêmes, des expériences que nous choisissons de retenir, des moments que nous décidons qui nous définissent. Nous sommes, en grande partie, ce dont nous nous souvenons.

Au final, ce que nous voulons, c'est qu'on se souvienne de nous. Que notre passage ici laisse une trace chez quelqu'un, une pensée, un sourire, une saudade. Être le souvenir de quelqu'un est la façon la plus durable de continuer à exister.

Partie VIII, De Nous-Mêmes

CONNAISSANCE DE SOI

Se connaître soi-même est le travail de toute une vie. Cela n'a pas de fin, pas de certificat, pas de moment où l'on peut dire, je sais déjà tout sur moi. Parce que nous changeons. Et la connaissance doit suivre.

Il y a un courage particulier à regarder à l'intérieur sans jugement. À voir ce qui s'y trouve, le beau et le laid, le généreux et le mesquin, le fort et le fragile, et à ne pas fuir. Seulement observer. Seulement reconnaître.

Nous ne nous connaissons pas dans le confort. Nous nous connaissons dans les crises, dans les pertes, dans les moments où tout ce qui n'est pas essentiel tombe, et ce qui reste, cela oui, c'est qui nous sommes vraiment.

Il y a des gens qui passent leur vie entière sans se connaître. Qui vivent tournés vers l'extérieur, vers l'opinion des autres, vers les attentes d'autrui, vers une image qu'ils construisent et maintiennent avec un effort énorme. Et qui ne s'arrêtent jamais pour se demander : mais moi, qui suis-je ?

La connaissance de soi n'est pas de l'égoïsme. C'est la base de tout, de la façon dont nous aimons, dont nous travaillons, dont nous nous lions aux autres. Qui ne se connaît pas ne se gouverne pas. Et qui ne se gouverne pas finit toujours par être gouverné par tout ce qui est extérieur.

Nous connaître, c'est aussi connaître nos limites. Savoir ce qui nous épuise, ce qui nous nourrit, ce qui nous fait grandir et ce qui nous fait régresser. Et avoir l'honnêteté de respecter cela, même quand le monde demande autre chose.

La thérapie, la méditation, l'écriture, l'art, sont toutes des formes de connaissance de soi. Des chemins différents vers le même endroit : le centre de nous-mêmes, où la vérité vit sans déguisement.

Il y a des découvertes sur nous-mêmes qui sont libératrices. Et il y en a d'inconfortables, qui nous montrent des schémas que nous n'aimons pas, des peurs que nous ne voulions pas avoir, des ombres que nous préférerions ignorer. Celles-là sont les plus précieuses.

Se connaître, c'est aussi se pardonner. Voir tout ce que nous sommes, y compris ce qui n'est pas encore ce que nous voulons être, et continuer à choisir de grandir. Avec patience. Avec compassion. Avec du temps.

Au final, la relation la plus importante de notre vie est celle que nous avons avec nous-mêmes. Et comme toutes les relations importantes, elle a besoin d'attention, d'honnêteté, de soin. Elle a besoin d'être cultivée, tous les jours, pour toujours.

_ _ / _ _ / _ _ _ _

Journal de la

réflexion

Ce que je veux retenir de moi aujourd'hui	**Petites choses que j'ai bien faites aujourd'hui**

Choses qui sont sorties sur le papier	**Ce que je veux pour ma journée de demain**
☐ ____________	☐ ____________
☐ ____________	☐ ____________
☐ ____________	☐ ____________

Ma gratitude d'aujourd'hui

Célèbre tes petites victoires, tout n'a pas besoin d'être grand pour avoir de la valeur.

Fátima Campos

ESTIME DE SOI

L'estime de soi n'est pas de l'arrogance. C'est la croyance silencieuse et solide que nous méritons d'être ici, que notre présence a de la valeur, que nos sentiments comptent, que nous sommes suffisants.

Il y a des gens qui ont grandi sans entendre qu'ils étaient suffisants. Et qui passent leur vie d'adulte à chercher cette validation à l'extérieur, dans les compliments, dans les réussites, dans l'amour des autres. Mais ce qui vient de l'extérieur ne comble jamais ce qui manque à l'intérieur.

L'estime de soi se construit. Ce n'est pas un don qu'on a ou qu'on n'a pas, c'est une pratique quotidienne. Se traiter avec respect, tenir les promesses que l'on se fait à soi-même, se défendre quand il le faut.

Se parler avec bonté est l'un des actes les plus révolutionnaires qui soient. La plupart d'entre nous se disent des choses qu'ils ne diraient jamais à quelqu'un qu'ils aiment. Et cela a un coût, invisible mais réel.

La faible estime de soi ne se voit pas toujours dans l'insécurité évidente. Elle se voit aussi dans le besoin de tout contrôler, dans la difficulté à recevoir des compliments, dans le perfectionnisme qui ne laisse jamais rien être suffisamment bien.

Il y a une différence entre l'estime de soi et la vanité. La vanité a besoin du miroir et de l'approbation d'autrui. L'estime de soi existe indépendamment, tranquille, stable, présente même les jours où nous ne nous sentons ni beaux ni capables.

Bien se traiter, se reposer quand il le faut, dire non sans culpabilité, demander de l'aide sans honte, ce n'est pas de la faiblesse. C'est l'estime de soi en action. C'est reconnaître que nous méritons aussi le soin que nous donnons aux autres.

L'estime de soi n'est pas constante. Elle a des jours meilleurs et pires, elle monte et descend avec les circonstances. Ce qui compte, c'est le fil conducteur, cette croyance de fond qui demeure même quand tout le reste vacille.

Apprendre à un enfant à avoir de l'estime de soi est l'un des plus grands cadeaux que l'on puisse faire. Non pas en disant qu'il est parfait, mais en montrant qu'il est aimé même quand il échoue. Que sa valeur ne dépend pas de sa performance.

Au final, l'estime de soi, c'est ceci : se réveiller chaque jour et choisir d'être de son propre côté. Pas contre le monde, de son propre côté. Avec douceur, avec fermeté, avec la certitude que nous méritons notre propre compagnie.

LIBERTÉ

La liberté n'est pas l'absence de limites. C'est la présence du choix, savoir que nous pouvons, même quand nous décidons de ne pas le faire. Cette distinction change tout.

Il y a des gens qui ont toute la liberté du monde et se sentent enfermés. Et il y a des gens avec des vies très limitées qui sont profondément libres à l'intérieur. La véritable liberté est intérieure, et personne ne peut nous la donner ni nous l'enlever.

Être libre, c'est aussi être responsable. Du choix, des conséquences, de l'impact que nous avons sur les autres. La liberté sans responsabilité n'est pas de la liberté, c'est du chaos déguisé.

Il y a des libertés qui coûtent. Qui impliquent de perdre l'approbation, de décevoir des attentes, de choisir un chemin que personne autour de nous ne comprend. Celles-là sont les plus chères, et les plus précieuses.

La liberté d'être qui l'on est, sans excuses, sans performance, sans avoir besoin d'entrer dans aucun moule, est la plus rare et la plus nécessaire. Et c'est celle qui demande le plus de travail à conquérir.

Il y a des prisons que nous construisons nous-mêmes. De croyances limitantes, de vieilles peurs, d'histoires que nous racontons sur ce que nous pouvons ou ne pouvons pas être. Ces prisons-là n'ont pas de barreaux visibles, mais elles sont les plus difficiles à quitter.

La liberté fait peur. Parce qu'avec elle vient la responsabilité totale de nos choix, il n'y a pas d'excuses, pas de coupables, pas de destin à blâmer. Seulement nous. Et c'est à la fois terrifiant et libérateur.

Il y a des moments de liberté absolue, au milieu de la nature, dans un rire sincère, dans un acte créatif qui sort sans réfléchir. Dans ces moments-là nous touchons quelque chose d'essentiel. Nous nous souvenons de ce que c'est qu'exister sans poids.

Se libérer d'une relation qui étouffe, d'un travail qui rabaisse, d'une version de soi qui ne convient plus, c'est du courage. Et c'est de la liberté. Et c'est le début de quelque chose qui n'a pas encore de nom, mais qui se sent déjà juste.

Au final, la plus grande liberté est celle-ci : pouvoir regarder sa propre vie et reconnaître, c'était moi. Avec tout ce qui a bien tourné et tout ce qui a mal tourné, c'est moi qui ai choisi. Et cette paternité, même imparfaite, est la façon la plus entière d'avoir vécu.

IDENTITÉ

L'identité n'est pas ce que nous faisons, c'est ce que nous sommes quand nous arrêtons de faire. Quand le travail se termine, quand le rôle social se tait, quand nous restons seuls avec nous-mêmes dans le silence. Ce qui reste, cela, c'est l'identité.

Nous construisons notre identité tout au long d'une vie entière, avec les expériences, les choix, les personnes que nous avons aimées, les valeurs que nous avons découvertes. C'est une construction toujours inachevée. Et tant mieux.

Il y a des moments où l'identité grince. Où ce que nous pensions être ne correspond plus à ce que nous sommes en train de devenir. Ces moments-là sont inconfortables, et absolument nécessaires.

L'identité n'est pas fixe. Nous sommes des personnes différentes à six ans, à vingt, à quarante, à soixante-dix ans. Pas par incohérence, par croissance. L'identité qui ne change pas est une identité qui s'est arrêtée.

Il y a des identités qui nous sont imposées avant même que nous ayons voix pour les accepter ou les refuser. Fille de ; sœur de ; épouse de ; des étiquettes qui arrivent avant que nous sachions qui nous sommes. Une partie du travail de la vie adulte est de séparer ce qui est à nous de ce qui nous a été donné.

Perdre son identité est l'une des expériences les plus déroutantes qui soient. Cela arrive après de grandes pertes, un emploi, une relation, une fonction qui nous définissait. Et dans ce vide, effrayant et immense, commence la construction d'une version plus vraie de nous.

L'identité la plus solide n'est pas celle qui se montre au monde. C'est celle qui existe quand le monde ne regarde pas, les valeurs que nous gardons même sans public, les choix que nous faisons quand personne ne sait.

Il y a une paix profonde à savoir qui l'on est. À ne pas avoir besoin d'approbation pour exister, à ne pas changer selon l'audience, à être reconnaissable à soi-même quel que soit le contexte.

L'identité est aussi ce que nous choisissons de retenir de nous. Le récit que nous construisons sur notre propre vie, ce que nous soulignons, ce que nous minimisons, le héros ou la victime que nous décidons d'être dans notre propre histoire.

Être fidèle à sa propre identité dans un monde qui demande constamment que nous nous moulions est un acte de résistance silencieuse. Et d'une dignité que personne ne peut nous enlever.

RÊVES

Les rêves ne sont pas un luxe. Ils sont une nécessité, la façon qu'a l'âme de nous dire ce qui n'est pas encore arrivé, mais qui a besoin d'arriver. Les ignorer ne les fait pas disparaître. Cela les pousse simplement plus profondément, là où ils font mal autrement.

Il y a des rêves que nous gardons secrets parce que nous avons peur que, dits à voix haute, ils perdent leur magie, ou que quelqu'un les diminue avant que nous ayons assez de force pour les défendre.

Rêver est facile. Le difficile est de croire que nous méritons le rêve. Que ce n'est pas de l'arrogance de vouloir plus, de vouloir différent, de vouloir une vie qui n'existe pas encore, mais que nous sentons qu'elle pourrait exister.

Il y a des rêves qui changent de forme avec le temps. Qui commencent d'une façon et arrivent d'une autre, non pas parce que nous avons échoué, mais parce que nous avons grandi. Et les rêves grandissent avec nous.

Le monde adulte traite les rêves avec suspicion. Il demande des plans, des garanties, du réalisme. Et le réalisme est nécessaire, mais seul, il tue. Nous avons besoin des deux choses : les pieds sur terre et les yeux sur l'horizon.

Il y a des rêves que nous ne réalisons pas, et que nous portons pour le reste de notre vie comme une question sans réponse. Et si j'avais essayé ? Et si j'avais osé ? Cette question coûte plus cher que n'importe quel échec ne pourrait coûter.

Réaliser un rêve est un moment étrange. Il y a de la joie, mais il y a aussi un vide inattendu. Parce que le rêve occupait de l'espace en nous, et maintenant qu'il est arrivé, nous devons trouver un nouvel horizon à regarder.

Les rêves des autres méritent le respect. Nous ne les jugeons pas, nous ne les diminuons pas, nous ne disons pas impossible à qui croit encore. Parce que nous avons nous-mêmes eu besoin que quelqu'un ne dise pas impossible.

Rêver ensemble, avec un partenaire, avec une famille, avec une communauté, est l'une des plus belles façons d'être au monde. Construire quelque chose de plus grand que ce que chacun, seul, aurait pu imaginer.

Au final, une vie bien vécue est une vie où nous avons osé rêver, et où, même quand les rêves ne sont pas arrivés exactement comme nous les imaginions, nous n'avons jamais cessé de les avoir. Parce que ce sont eux qui nous font avancer. Ce sont eux qui nous font nous réveiller.

Partie IX, De la Vie

ÊTRE/SE SENTIR HEUREUX

Le bonheur n'est pas une destination. C'est un instant, petit, chaud, inattendu. Une tasse de café qui a bon goût. Une lumière de fin d'après-midi. Un éclat de rire qui sort avant qu'on y pense.

Il y a une différence entre être heureux et se sentir heureux. Être est profond, se construit, c'est une paix qui vit en nous indépendamment de ce qui se passe à l'extérieur. Se sentir, c'est l'instant, fugace, précieux, réel. Nous avons besoin des deux.

Le véritable bonheur ne fait pas de bruit. Il ne s'annonce pas. Il arrive tout doucement et nous ne le reconnaissons que lorsqu'il est déjà là, dans cet instant précis où nous pensons : ah, c'est ça.

On nous a appris à chercher le bonheur dans les grandes choses. Mais il habite les petites, dans l'étreinte qui ne se demande pas, dans la musique qui commence au bon moment, dans la pluie vue de l'intérieur.

Il y a des gens qui remettent le bonheur à plus tard, pour quand ils auront plus, pour quand arrivera ce qui manque, pour quand la vie sera comme elle devrait être. Et la vie passe. Et le quand n'arrive jamais.

Être heureux, ce n'est pas ne pas souffrir. C'est souffrir et quand même trouver, quelque part dans la journée, une raison de continuer à vouloir être ici.

Le bonheur n'est pas constant, et tant mieux. C'est sa rareté qui le rend si précieux. Un ciel toujours bleu ne nous apprendrait rien sur la lumière.

Il y a des jours où simplement exister suffit déjà. Où respirer, sentir le soleil sur la peau, entendre une voix chère, c'est déjà tout. Ces jours-là, nous sommes riches sans le savoir.

Personne ne peut nous donner le bonheur. On peut y contribuer, on peut en faire partie, mais il naît à l'intérieur, grandit à l'intérieur, vit à l'intérieur. Il est à nous. Il l'a toujours été.

Être heureux, c'est, avant tout, faire la paix avec sa propre vie, avec ce qui a été, avec ce qui est, avec ce qu'on ne sait pas encore. C'est regarder tout cela et dire : et pourtant, oui. Et pourtant, merci.

--/--/----

Journal de

joie

Ce qui illumine mon cœur	**Petits gestes qui ont apporté de la lumière**

Moments qui remplissent l'âme	**Ce que je souhaite pour demain**
☐ ______________	☐ ______________
☐ ______________	☐ ______________
☐ ______________	☐ ______________

Ma joie d'aujourd'hui

Capture les moments de lumière qui éclairent ton chemin intérieur.

Fátima Campos

VIE

La vie ne demande pas la permission de commencer. Ni de finir. C'est au milieu, dans cet espace immense et confus entre les deux, que nous sommes appelés à décider qui nous voulons être.

La vie n'est pas linéaire. Elle a des détours, des impasses, des chemins qui semblaient sûrs et qui ne l'étaient pas. Et elle a aussi des raccourcis inattendus qui nous mènent exactement là où nous devions arriver, seulement par un chemin que nous n'aurions jamais choisi.

Il y a des jours où la vie semble trop grande. Accablante, bruyante, exigeante. Ces jours-là, un seul pas suffit. Rien qu'un. Le reste vient après.

La vie fait payer. Elle fait payer des choix, du courage, la capacité de continuer quand tout en nous veut s'arrêter. Mais elle paie aussi, et elle paie avec des instants qui n'ont pas de prix.

Nous vivons comme si nous avions un temps infini. Et nous ne l'avons pas. Et au fond nous savons que nous ne l'avons pas. Et pourtant, nous remettons à plus tard, l'étreinte, la conversation, le voyage, le pardon. Comme s'il y avait toujours un lendemain qui attendait.

La vie n'est pas ce qui nous arrive. C'est ce que nous faisons de ce qui nous arrive, la façon dont nous nous relevons, dont nous recommençons, dont nous trouvons un sens là où il semblait n'y en avoir aucun.

Il y a des moments dans la vie qui nous brisent en deux. Et il y a des moments qui nous reconstruisent. Les deux sont nécessaires. Les deux font de nous qui nous sommes.

La vie a une beauté étrange, elle coexiste toujours avec la douleur. Le plus beau coucher de soleil a déjà été vu par des yeux pleins de larmes. Le rire le plus sincère est déjà né au milieu d'une période difficile. C'est ainsi. Tout est mêlé.

Nous n'avons pas besoin d'une vie parfaite pour l'aimer. Il suffit de l'avoir, avec ses failles, ses rapiéçages, ses marques d'usage. Une vie vraiment vécue a toujours l'air d'avoir été vécue.

La vie est trop courte pour être petite. Pour rester immobiles quand nous voulions danser, silencieux quand nous voulions crier, invisibles quand nous voulions être vus. La vie demande de la présence. Elle demande de l'audace. Elle demande que nous apparaissions, entiers, imparfaits, vivants.

INDÉCISION DANS LES DÉCISIONS DE LA VIE

Il y a des choix qui pèsent avant même d'être faits. Qui nous réveillent au milieu de la nuit, qui nous suivent tout le jour, qui nous font tourner en rond dans notre propre tête. Non pas parce que nous sommes faibles, mais parce qu'ils comptent trop.

L'indécision n'est pas de la faiblesse. C'est la preuve que nous avons conscience, que nous savons que chaque choix ferme une porte, et qu'il reste toujours quelque chose de l'autre côté.

Il y a un moment où nous réalisons que ne pas décider est aussi une décision. Et souvent, la plus coûteuse de toutes.

Nous voulons toujours la garantie que nous choisissons bien. Mais la vie ne donne pas de garanties. Elle ne donne que l'instant, et le courage, ou son absence, d'avancer malgré tout.

Le doute est humain. Cela fait partie du chemin. Le problème n'est pas de douter, c'est de laisser le doute s'installer comme un locataire permanent et commencer à commander à la maison.

Il y a des décisions que la tête prend et que le cœur n'accepte pas. Il y a des décisions que le cœur prend et que la tête ne pardonne pas. Et il y a de rares, de très rares décisions, où les deux sont d'accord. Ce sont celles-là qui changent la vie.

Nous regardons le passé et pensons : et si j'avais choisi différemment ? Mais le passé n'est pas un brouillon. C'est le seul original que nous ayons. Et c'est avec lui que nous sommes arrivés jusqu'ici.

La vie ne nous demande pas la perfection dans nos choix. Elle nous demande l'honnêteté, de choisir avec ce que nous savons au moment où nous le savons. Ensuite, ce qui vient, nous l'affrontons.

Il y a une paix étrange qui arrive quand nous décidons enfin, même sans certitude, même avec peur. C'est la paix de celui qui a cessé de se fuir lui-même.

Au final, nous ne regrettons pas tant les choix que nous avons faits. Nous regrettons ceux que nous n'avons pas eu le courage de faire. Ceux que nous avons laissé la peur faire à notre place.

INDÉCISION DANS LES DÉCISIONS DE L'AMOUR

En amour, l'indécision a une saveur qui lui est propre. Ce n'est pas le doute froid des choix rationnels, c'est un doute chaud, confus, qui fait mal précisément parce que ça compte.

Il y a des amours où nous restons quand nous devrions partir. Et des amours où nous partons quand nous devrions rester. Et seul le temps, ce juge silencieux et implacable, nous dit lequel était lequel.

Aimer et avoir peur d'aimer est l'une des contradictions les plus humaines qui soient. Nous voulons, de tout notre être. Et en même temps nous reculons, de tout notre être. Et nous restons là, suspendus entre le désir et la terreur d'être aimés en retour.

Il y a une question que l'amour nous pose toujours et à laquelle nous ne sommes jamais complètement préparés : est-ce que ça vaut la peine de prendre le risque ? Et la réponse honnête est toujours la même, nous ne savons pas. Et nous avançons quand même. Ou nous n'avançons pas. Et nous vivons avec cela.

L'indécision en amour n'est pas un manque de sentiment. C'est un excès. C'est tant que cela ne tient pas, que cela déborde, que cela effraie. C'est trop d'amour pour tenir dans une seule décision.

Il y a des gens que nous aimons en silence pendant des années, sans jamais le dire, sans jamais prendre le risque. Par peur. Par orgueil. Parce que nous ne savons pas comment faire. Et un jour nous réalisons que le silence a aussi été un choix. Le plus solitaire de tous.

Décider d'aimer quelqu'un vraiment est un acte de courage que le monde déguise en sentiment. Ce n'est pas seulement le cœur qui décide, c'est la volonté. C'est se réveiller chaque jour et choisir de nouveau cette personne.

Il y a des moments où l'amour demande que nous sautions sans filet. Sans garanties, sans promesses, sans savoir ce qu'il y a en bas. Et ceux qui sautent, même avec peur, même en tremblant, sont ceux qui vivent des histoires qui valent la peine d'être racontées.

La plus grande indécision de l'amour n'est pas de choisir entre deux personnes. C'est de choisir entre la version de nous qui a peur et la version de nous qui mérite d'être aimée. Cette bataille-là se livre tous les jours.

Au final, l'amour ne pardonne pas l'hésitation, mais il ne la condamne pas non plus. Il continue simplement d'avancer. Et nous, si nous sommes à temps, nous avançons avec lui. Et si nous ne le sommes pas… nous apprenons. Et la prochaine fois, nous sauterons plus vite.

Partie X, Du Monde

BEAUTÉ

La beauté n'habite pas où l'on nous a appris à la chercher. Elle habite l'imperfection du visage que nous aimons, la voix qui grince mais qui est sincère, la fleur qui a poussé au mauvais endroit et qui a fleuri quand même.

Il y a une beauté dans le monde qui passe inaperçue parce que nous sommes toujours trop pressés. La lumière du matin sur un mur blanc. Le son de la pluie quand nous sommes à l'intérieur. Un éclat de rire qui n'était pas prévu.

La beauté qui dure n'est pas celle qui impressionne au premier regard. C'est celle qui se découvre lentement, couche après couche, jour après jour, jusqu'à ce qu'un instant nous réalisions que nous sommes devant quelque chose qui nous change de l'intérieur.

Il y a de la beauté dans la douleur bien vécue. Dans la cicatrice qui raconte une histoire. Dans le regard de qui a déjà beaucoup perdu et trouve pourtant encore des raisons de sourire. Cette beauté-là a un poids et une lumière qu'aucune perfection ne peut avoir.

Créer de la beauté, avec les mains, avec les mots, avec la musique, avec n'importe quoi, est l'une des façons les plus humaines de dire : j'étais là. J'ai existé et j'ai voulu laisser le monde un peu plus beau que je ne l'ai trouvé.

La beauté est subjective, dit-on. Et c'est vrai. Mais il y a des moments de beauté si purs qu'ils transcendent le goût personnel et touchent quelque chose d'universel. Le coucher de soleil, le visage d'un enfant qui dort, la mer à l'aube. Ces moments-là nous unissent.

Vieillir avec beauté, ce n'est pas ne pas vieillir. C'est laisser les années se montrer, avec dignité, avec grâce, avec la confiance de qui sait que la valeur n'a jamais été seulement en surface.

Il y a des gens qui sont la beauté, non pas par ce qu'ils montrent, mais par ce qu'ils rayonnent. Par la façon dont ils entrent dans une pièce, par l'attention qu'ils donnent, par le soin avec lequel ils traitent les autres. Cette beauté-là ne s'estompe pas avec le temps. Elle s'approfondit.

La beauté sauve, ce n'est pas juste une jolie phrase. Il y a des moments où une œuvre d'art, un paysage, une mélodie nous atteignent là où rien d'autre n'arrivait. Et quelque chose en nous respire de nouveau.

Apprendre à voir la beauté dans l'ordinaire est l'une des compétences les plus précieuses de la vie. Nous n'avons pas besoin de lieux extraordinaires ni de moments parfaits. La beauté est ici, maintenant, dans cet instant, si nous choisissons de regarder.

FOI

La foi n'est pas seulement religieuse. C'est la capacité de croire en ce qui n'est pas encore visible, que demain peut être différent, que l'effort en vaudra la peine, que nous ne sommes pas complètement seuls dans cet univers immense et indifférent.

Il y a une foi qui s'hérite et une foi qui se conquiert. L'héritée est confortable, mais fragile, elle se brise à la première grande crise. La conquise, celle qui se trouve après avoir douté, après avoir perdu, après avoir cherché, celle-là a des racines.

La foi n'élimine pas la peur. Elle coexiste avec elle. Il est possible d'avoir peur et de croire en même temps, il est possible de trembler et de faire confiance à la fois. Ce n'est pas une contradiction. C'est de l'humanité.

Il y a des gens qui ont perdu la foi et ne savent pas comment la retrouver. Qui la cherchent où elle était avant et où elle n'est plus. Mais la foi change de forme, comme tout ce qui est vivant. Peut-être qu'elle ne revient pas comme elle est partie. Peut-être qu'elle arrive autrement, par un autre chemin, sous un autre nom.

La foi dans les autres est aussi une forme de foi. Croire que les gens sont capables de bonté, de croissance, de nous surprendre en bien, même après avoir été déçus. Cette foi-là est courageuse.

Il y a des moments où la seule chose qui reste, c'est la foi. Quand la logique ne suffit pas, quand l'effort ne suffit pas, quand il n'y a plus rien à faire sinon croire que tout ira bien. Dans ces moments-là, la foi n'est pas une faiblesse. C'est ce qui nous maintient debout.

La foi ne répond pas à toutes les questions. Elle n'explique pas la souffrance, ne justifie pas la perte, ne rend pas l'incompréhensible compréhensible. Mais elle offre autre chose, un sol, même quand on ne le voit pas. Une main, même quand on ne la sent pas.

Il y a une foi silencieuse qui n'a ni nom ni rituel. Qui se manifeste dans le fait de continuer, de planter une graine sans garantie de récolte, d'aimer sans garantie d'être aimé, de se réveiller chaque jour et de choisir d'essayer encore.

La foi et le doute ne sont pas opposés. Ce sont des compagnons de voyage. La foi sans doute est aveugle. Le doute sans foi est paralysant. Ensemble, ils naviguent.

Au final, avoir la foi, c'est croire que la vie a un sens, même quand ce sens nous échappe, même quand tout semble chaos. C'est le pari le plus humain qui soit. Et le plus nécessaire.

MORT

La mort est le seul événement certain de la vie, et le moins préparé. Nous vivons comme si c'était une surprise, comme si c'était une exception, comme si elle allait nous épargner alors qu'elle n'a épargné personne d'autre.

Penser à la mort n'est pas morbide. C'est l'un des actes les plus clarifiants qui soient. Parce que lorsque nous nous rappelons que le temps est fini, les priorités s'alignent d'une façon qu'aucun agenda ne peut atteindre.

Il y a une mort qui arrive avant la mort, celle des versions de nous-mêmes, des relations, des rêves qui n'ont pas eu lieu. Apprendre à faire le deuil de ces petites morts nous prépare, d'une certaine façon, à la grande.

La mort de qui nous aimons laisse un trou à la forme exacte de cette personne. Que rien ne comble. Que le temps n'efface pas, il ne fait que le rendre habitable. Nous apprenons à vivre avec le trou. Jamais sans lui.

Il y a des cultures qui parlent de la mort avec naturel, qui l'incluent dans la vie, qui l'honorent, qui ne la cachent pas. Et il y a quelque chose de très sain là-dedans. La mort n'est pas l'opposé de la vie. Elle en fait partie.

La peur de la mort est, souvent, la peur de ne pas avoir assez vécu. D'arriver à la fin avec le sentiment qu'il est resté beaucoup à faire, à dire, à être. La réponse n'est pas de ne pas mourir, c'est de vivre plus pleinement.

Il y a une paix étrange à accepter sa propre finitude. Non pas de la résignation, de l'acceptation. La conscience que nous sommes des passagers, que notre temps ici est emprunté, et que c'est précisément pour cela qu'il est précieux.

La mort de quelqu'un que nous aimons nous enseigne sur l'amour d'une façon que rien d'autre n'enseigne. Elle nous montre ce qui comptait, ce que nous aurions dû dire, ce que nous ne pouvons plus jamais récupérer. C'est une leçon cruelle et nécessaire.

Nous vivons sur les épaules de ceux qui sont morts avant nous. Dans leurs choix, dans leurs luttes, dans le monde qu'ils ont construit et laissé. Les honorer, c'est bien vivre, c'est ne pas gaspiller le temps qu'ils n'ont pas pu avoir.

Au final, ce qui reste de nous, ce n'est pas le corps, c'est la trace. L'amour que nous avons donné, les vies que nous avons touchées, les mots que nous avons laissés. Bien mourir, c'est avoir vécu de façon à ce que notre absence soit ressentie. À ce que notre présence ait fait une différence.

GRATITUDE

La gratitude, ce n'est pas dire merci. C'est voir, vraiment voir, ce que nous avons. C'est l'opposé de la distraction, l'antidote de l'insatisfaction chronique, la façon la plus simple et la plus transformatrice de changer la relation avec sa propre vie.

Il y a une gratitude facile, pour les grands moments, pour les réussites, pour ce qui s'est bien passé. Et il y a une gratitude plus profonde, pour la douleur qui a enseigné, pour la perte qui a ouvert un espace, pour la crise qui nous a rendus plus entiers. Celle-là est la plus difficile et la plus puissante.

Être reconnaissant, ce n'est pas prétendre que tout va bien. C'est reconnaître que même quand ce n'est pas le cas, il y a toujours quelque chose, si petit soit-il, qui mérite d'être vu. Un toit, une étreinte, un jour de soleil, une personne qui est restée.

La gratitude change le cerveau, littéralement. Ce n'est pas une spiritualité vague. C'est de la neuroscience. Qui pratique la gratitude de façon constante voit le monde différemment, non pas parce que le monde a changé, mais parce que les yeux ont changé.

Il y a des gens qui ne reconnaissent ce qu'ils avaient qu'après l'avoir perdu. Et il y a une immense tristesse là-dedans, et une invitation. À ne pas attendre la perte. À voir maintenant, à remercier maintenant, à le dire maintenant.

La gratitude partagée se multiplie. Dire à quelqu'un ce qu'il représente pour nous, pas aux funérailles, pas dans la lettre que nous n'avons jamais envoyée, mais maintenant, aujourd'hui, tant qu'il en est encore temps, est l'un des plus beaux actes que nous puissions faire.

Il y a des jours où la gratitude ne vient pas naturellement. Où tout pèse, où tout coûte, où trouver quelque chose pour lequel être reconnaissant semble impossible. Ces jours-là, le minimum suffit, je suis vivante, je respire, il y a un demain.

La gratitude n'est pas la passivité. Ce n'est pas se résigner à ce qui ne convient pas, ce n'est pas accepter ce qui est injuste. C'est reconnaître le bien tout en luttant pour ce qui peut encore être meilleur.

Se remercier soi-même compte aussi. Pour l'effort invisible, pour la résilience que personne n'a vue, pour avoir continué quand il était plus facile de s'arrêter. Cette reconnaissance, de nous à nous, est de la gratitude aussi.

Au final, une vie vécue avec gratitude est une vie plus riche, non pas en biens, non pas en réussites, mais en présence. En attention. En moments qui ont été vraiment vécus plutôt que simplement traversés.

__/__/____

Journal de

gratitude

Comment je me sens aujourd'hui ?	**Mes moments d'auto-soin**

Bonnes choses qui se sont passées aujourd'hui	**Mes objectifs de bien-être pour demain**
☐ _______________	☐ _______________
☐ _______________	☐ _______________
☐ _______________	☐ _______________

Mon bilan émotionnel

Prends soin de toi, prends soin de toi-même. L'amour de soi est le premier pas vers la transformation.

Fátima Campos

ESPÉRANCE

L'espérance est la dernière à mourir, dit-on. Et c'est vrai. Parce que même au plus profond du fond, même quand tout le reste a cédé, il y a une part de nous qui insiste à croire que cela peut être différent. Que demain peut être un autre jour.

L'espérance n'est pas de la naïveté. C'est un choix, conscient, courageux, parfois irrationnel. C'est décider de croire au possible même sans garanties. C'est le pari le plus humain qui soit.

Il y a une espérance passive, celle qui attend que les choses s'améliorent toutes seules. Et il y a une espérance active, celle qui croit et agit, qui plante sans savoir s'il va pleuvoir, qui essaie même sans certitude d'arriver. C'est cette seconde qui transforme.

L'espérance survit aux pires circonstances. L'histoire est pleine de gens qui n'avaient aucune raison de croire, et qui ont cru. Qui n'avaient aucun moyen, et qui en ont trouvé un. L'espérance est de l'entêtement du meilleur genre.

Perdre espoir est l'une des expériences les plus sombres qui soient. C'est l'extinction du futur, la sensation qu'il n'y a nulle part où aller, rien qui vaille la peine d'attendre. Si tu en es là, demande de l'aide. L'espérance peut se prêter le temps que la tienne se repose.

L'espérance ne promet pas que tout ira bien. Elle promet que cela vaut la peine d'essayer. Qu'il y a une raison de continuer. Que l'effort n'est pas vain même quand les résultats tardent.

Il y a une espérance collective, celle que le monde peut être meilleur, que les gens sont capables de bonté, que les erreurs du passé ne condamnent pas l'avenir. Cette espérance-là est fragile et nécessaire. Et elle a besoin d'être nourrie, par chacun de nous, tous les jours.

L'espérance a une odeur. C'est celle de la pluie après la sécheresse, du pain qui cuit, de la mer à l'aube. C'est l'odeur que quelque chose de bon va arriver, même sans savoir quoi, même sans savoir quand.

Donner de l'espoir à quelqu'un, un mot, une présence, un tu n'es pas seul dit au bon moment, est l'un des actes les plus puissants qui soient. Parfois nous sauvons des vies sans le savoir. Rien qu'en étant restés.

Et au final, après tout, après l'âme et le cœur et le désir et la passion et l'amour et la douleur et la vie et la mort, ce qui reste, c'est ceci : l'espérance. Toujours l'espérance. Qui en valait la peine. Qui en vaut la peine. Qui continuera d'en valoir la peine.

Alors, tu es arrivé à la fin de ce livre... ou peut-être que ce livre n'a pas de fin ?

Il va t'accompagner toujours, que ce soit dans la sacoche de l'ordinateur, dans ce sac à dos ou ce sac à main si plein de choses qu'on ne sait déjà plus comment un stylo de plus pourrait y tenir... mais le livre y tient, crois-moi.

Et chaque fois que tu t'assiéras, chaque fois que tu auras un petit moment, ouvre le livre les yeux fermés. Je suis certaine que tu l'as ouvert à la bonne page et que quelque chose sur ta journée sera sous-entendu dans ces mots-là.

*Non... ce n'était pas la fin de ce livre :**

Fátima Campos

SYNOPSIS

Le livre « Tes sensations, tes sentiments et tes nostalgies - tout ce que nous portons en nous » est une œuvre de prose poétique qui traverse, en dix chapitres, les territoires les plus intimes de l'expérience humaine : l'âme, l'amour, la douleur, le temps et le monde. Dans des réflexions courtes et denses, écrites à la manière de Clarice Lispector, Fátima Campos invite le lecteur à s'arrêter, à respirer et à se reconnaître dans les mots, car ici il n'est pas question de personnages ni d'histoires inventées. Il est question de nous. De tout ce que nous ressentons et savons rarement nommer. De la passion au chagrin, de la nostalgie à l'espérance, des sept péchés capitaux au pardon, chaque réflexion est un miroir. Chaque page, un lieu où le lecteur peut enfin dire : c'était ça. C'était exactement ça.

Un livre à lire lentement. À souligner. À offrir à qui l'on aime. À garder.

À PROPOS DE L'AUTEURE

Fátima Campos est le pseudonyme littéraire de Carla Campos Simões, auteure née dans le district de Setúbal, au Portugal. Poétesse publiée, artiste visuelle, créatrice de contenu et communicatrice aux racines dans le journalisme et la radio, elle se déplace naturellement entre toutes les formes d'expression, car, selon ses propres mots, « tous les arts se touchent : Je suis tout ; Tout est Moi ».

« Tes sensations, tes sentiments et tes nostalgies — tout ce que nous portons en nous » est sa première œuvre individuelle, un livre né de l'urgence de dire ce que la vie, l'amour et le temps enseignent à qui a le courage de les regarder en face.

www.ingramcontent.com/pod-product-compliance
Lightning Source LLC
LaVergne TN
LVHW100733061126
851857LV00011B/519